원남동 까치

원남동 까치

박희익 제5시집

도서출판 천우

시인의 말

다섯 번째 시집을 발간하면서

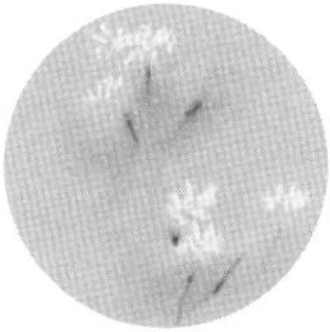

2010년 너무도 시끄러운 한 해 태풍이 몰아친 후 자성하면서 조용히 정리하고 어둠 속 깊이 감추어두었던 참다운 말들을 세상에 끄집어내어 빛을 보게 하고 싶습니다.

봄에 얼굴 내미는 나무는 누가 시킴도 아닌데 자연의 순리에 따라 왔다 갔다 하는 세월의 중심이 되었고 아직 남은 여명 빠짐없이 글이 쓰고파 자꾸 낙서만 합니다.

비록 보잘것없는 글이라도 읽어주시고 충고하여 주시면 감사하겠습니다.

저의 글 벽지가 될지언정 쓰레기통에 버리지는 말아 주십시오.

책을 읽어주시는 분께 香 遠 益 靑 하는 마음으로 또다시 여섯 번째 글을 실을 마음의 준비를 할까 합니다.

끝으로 저에게 항시 충고해주시고 아껴주시는 (사)세계문인협회 金天雨 이사장님께 항상 감사드립니다.

저의 글을 해설하여 주신 이수화 선생님 감사드립니다.

2011년 5월

幹谷 박 희 익

아름답고 찬란한 시편들

金天雨
(사)세계문인협회 이사장 · (주)천우미디어그룹 대표이사

천지간에 꽃피고 새 우는 시절 좋은 계절 오월! 대자연의 용트림과 더불어, 박희익 시인의 꿈빛 찬란한 작품집이 봄의 축제장 주인공이 되었다. 박희익 시인의 눈부신 시편들은 오색 무지개를 수놓아 가는 듯 시의 멋과 중후한 풍류가 작품마다 내재되어 있어 감탄이 절로 흘러나온다. 시인의 굳은 절개와 정의롭고 향기롭게 살아온 인생 여정 속에서 한 세상 살아가는 법을 깨닫게 되어 농익은 시세계의 거룩한 메시지가 눈길을 사로잡는다. 풋풋하고 순박한 울림을 토해내는 시혼이야말로 시적 묘미와 아포리즘이 뿌리내리고 있다.

영혼의 찬미 속 사색의 시집 『원남동 까치』는 어둠에 빛을 주는 희망과 미래의 징검다리가 되는 이데올로기이다. 인간미 넘치는 휴머니즘과 열정을 불사르는 낭만과 시정의 물결이 넘실거리고 있다. 그

것은 마치 불멸의 교향곡을 감상하는 것처럼 읽는 이의 가슴을 쿵쾅쿵쾅 고동치게 한다.

그가 지금껏 탄탄하고 멋진 작품세계를 이루어낸 생의 역사와 무관하지 않을 것이다. 그 누구보다도 도덕적이고 인간미 넘치는 삶의 미학을 이끌어온 박희익 시인의 인생이 꽃잎처럼 차곡차곡 쌓인 이번 시집은 그 누구도 감히 흉내 낼 수 없는 영혼의 집약체다.

문학은 그 사람의 거울이다. 그의 시편들은 먼 기적 소리와도 같고 영혼의 바다를 항해하는 돛단배와도 같으며 그가 흘린 땀과 서정의 회한들이 시의 절정을 일구는 데 큰 구심점 역할을 하고 있다. 그의 시 속에는 자연과 사물을 꿰뚫어보는 혜안과 탁월한 시혼으로 사랑과 행복과 이상의 철학이 배어 있고 지구력과 열정과 고독과 그리움의 상실이 묻어 있다. 다시 한 번 다섯 번째 시집 출간을 축하드리며 만인의 사랑을 받으리라 믿어 의심치 않는다.

1부

공허(空虛)

● 시인의 말 / 박희익
● 축하의 말 / 金天雨

벚꽃 _ 15
석두(石頭) 1 _ 16
석두(石頭) 2 _ 17
슬픈 노래 _ 18
생일 _ 20
무릎 _ 22
세상은 돌[石] _ 23
별이 숨어버린다 _ 24
나무 _ 26
장마 _ 27
몸부림 _ 28
시(詩) _ 29
백운(白雲) _ 30
박꽃 _ 31
오월의 산 _ 32
잊는 것 _ 33
허무 _ 34
투병 _ 36
공허(空虛) _ 37
산도라지 _ 38

2부

미타암 가는 길

밤길 _ 41
별 하나 _ 42
뻐꾸기가 왜 울지? _ 44
소리 _ 46
실개천 _ 47
원남동 까치 _ 48
미타암 가는 길 _ 50
무색 액체 _ 51
천안함 _ 52
무궁화호 _ 53
텐무 _ 54
맞아서 좋은 놈 _ 56
용연동굴 _ 57
화암동굴 _ 58
정암사 _ 59
태백에서 봉화 _ 60
덕우리 _ 61
영월 탄광촌 _ 62
여름 _ 63
절기 _ 64
밤비 _ 66

3부

구름 나그네

개화 공원 _ 69
고려(체험현장) _ 70
봄눈[春雪] _ 72
무창포 _ 74
구름 나그네 _ 75
허상 _ 76
나 밖의 나 _ 77
팔월 _ 78
아우라지 _ 80
태백산 도립공원 _ 81
함백산 _ 82
황지 연못 _ 83
작은 도서관 _ 84
오늘 _ 85
이별 _ 86
바다 _ 87
속살을 보며 _ 88
세월 _ 89
도둑 _ 90
이엉 _ 92
정원수 1 _ 93
조경수 _ 94

4부

싸락눈 오는 날

지하철 _ 97
공간 _ 98
냇물 _ 100
대화 _ 101
무뿐(無髣) 1 _ 102
단비 _ 103
봄 오는 길목 _ 104
해적 _ 105
구제역 _ 106
연평도 해병대여 _ 107
결정(結晶) _ 108
해적 2 _ 109
풍란(風蘭)아 _ 110
무뿐(無髣) 2 _ 112
뭘까? _ 114
모과 _ 116
별 _ 117
용지봉 _ 118
싸락눈 오는 날 _ 119
참새와 비둘기 _ 120
해적 3 _ 121
연평도 _ 122

열애 _ 124
외계인 _ 126
봉명 초등학교 1학년 _ 128
선생님 어떻게 해요? _ 129
꿈 _ 130
낙화 _ 131

● 해설 – 박희익 서술시(敍述詩)와 회화체(会話体) 가락 / 이수화 _ 132

1부

공허(空虛)

벚꽃

도로변 가로수
벚꽃 잎 낙화(洛花)
바람 몰고 온다

꽃잎 밀고 잎 터지는
휘날린 꽃잎 아름답다
달리는 차 창에 빨려오는

하얀 꽃잎 파도친다
말할 수 없는 혼(魂)
황홀함에 빠져

멍청해버린 꽃 비에
엉망이 된 마음
차를 세우고 황홀해진

봄을 기다렸나 보다

석두(石頭) 1

잠자리 들기 전
머리 위에
항상 문학잡지가 있다

월간문학 계절문학
문학세계 시세계
문학춘추 한맥문학

열심히 읽는다
틈나면 시집도 읽고
몇 년 내내 읽어도

그런데
이놈의 머리는
무슨 돌대가리인지
뭘 읽었는지 모르겠다

책장만 넘겨도
대갈통에 남은 것은
비—인 깡통
석두(石頭)

석두(石頭) 2

잠자리 들기 전
꼭 볼펜과
백지 몇 장을
머리 위에 둔다

하도 잘 잊어먹어
자다가도 놀란 토끼마냥
생각나면 메모를 한다
일어나면 잊어버리니까

이놈의 대가리는
돼지머리보다 못하다
많은 독서를 했는데
하나도 남은 글 없다

책장 넘기느라
손가락만 닳았다
돌대가리
그래도 넋두리는 한다

바보가 따로 없다
답답하다 내가 밉다

슬픈 노래

지루한 병마
산허리에 머문
하얀 안개는
가슴 메이고

길 잃은 암고라니
노오란 수의 입고
조각 달빛 따라
서산마루 넘어가네

이별은 슬픈 것
온갖 풍상을 겪은
너의 갈 길을
외롭게 가는구나

깜깜한 어둠 헤치고
숫고라니 절규를 듣지 않고
방향 없이 어디로 가느냐?

수많은 상념 버리고
창공을 훨훨 날아서
미지의 세상 향해가는
무심아

오빠
가슴속 토해내는 천둥소리
울부짖는 소릴 듣지 못했나?

* 여동생을 영원히 떠나보낸 아픈 가슴으로…

생일

엄마
육십구년 전 오늘
유월의 한가운데
무더운 여름날

이승과 저승을
얼마나
왔다 갔다 하였소?

스물셋의 새댁
병원 산부인과도 없는
어두운 시골 방구석

엄마
혼자서
생사의 고비를 넘기며

사내아이
무사히 생산
고통도 잊으시고

엄마
오늘이 생일이래요
못난 저를 낳아주어

고맙습니다

무릎

물소리 바람 소리
따라서 다니던 인고(忍苦)
어언 칠십 년 고행도(苦行道)

바람 같은 유랑객(流浪客)
임자 못 만난 죄

무릎마다 뼈 가는 소리
앉아도 일어나도
뽀드득 빠드득

노을 진 바다 아름답다
발을 담가도 차갑지 않은
파도는 발가락 간질인다

고장 난 무릎 지겹도록
아이고 아야
소리가 절로 난다

세상은 돌[石]

눈이 있어 보긴 했는데
귀가 있어 듣긴 했는데

입이 있긴 있는데
난
백치인가 보다

별이 숨어버린다

어린 시절
모깃불 피우고
멍석 깔고 하늘 보며

마당에 누워
수많은
별을 헤아리다

별똥별 잡던
가까운 하늘에
아름다운
운석의 긴 불빛은

언제부터인가
커다란 방석 깔고
숨어버린 별이 되었다

겨우 보일락 말락
희미한 별
멀리 하나둘 보이면

대지의 온실가스가
별빛 없는 별을
막아버리고

개똥벌레 한 마리
엉덩이
불을 달고 달아난다

나무

온몸이 간지럽다 못해
가지마다 땀 흘리며 살아
사랑할 땐 푸르름으로

외롭다 못해 지친 푸르름
탈모된 머리에
사자의 푸른 옷을 벗는다

움직일 수 없는 자리
먼 하늘만 바라보다
한평생 이사 한 번 못하고

태어난 자리 죽는 자리

장마

안개 자욱한 새벽
무슨 소린지도 모를
산새가 조잘거린다

보이지 않던
빗소리도
칭얼대기만 한다

장맛비 멈추니
날씨는 용광로
쉿물 소리 여울에
떠내려 보낸다

하늘은 불통
바다는 형형색색
온갖 기구들

바다도 인산인해
북적되는 공항 여행객
참 웃기는 모습들

피서를 간다

몸부림

사랑해보고 싶다
정말 사랑해보고 싶다
죽도록
홍수가 난 냇물처럼
뼛가루가 되도록
사랑해보고 싶다
핵폭탄 그보다 더한
미치도록
사랑해보고 싶다
그 이상 더
사랑하고 싶다
누구인지도 모를
내 안의 그대를
증오보다 사랑을
그대에게 사랑하고 싶다
가슴에 굳어진 응어리
후유 하고 내뱉어
그대 마음속
사랑의 보석이 되리

시(詩)

누군가 나에게
좋은 시(詩) 많이 써 왔냐고
묻는다면
시(詩)는 고사하고
나는
얼어서 죽을 뻔했다고
말하겠다

* 서해 모래바람 무창포에서.

백운(白雲)

하늘가 흰 구름
한 잔 술에 담그고

세상사 냇가 물은
가는 길 씻고 가네

박꽃

이젠 사라진 초가에
검은 굴뚝 연기마저 가버리고
고향에 향수를 잃은
긴 대나무 막대 집을 감은 박손

지붕 위에 올라간 박 덩굴이
해가 서산마루 넘어가면
하얀 소복 입은 여인이
미소로 별빛 마중을 나선다

순결하고 수줍은 박꽃
잎새 뒤에 몰래 피어난
여인은 밤이슬 맞고 노닐다
동트면 짧은 생을 마감하고

밤을 이고 가버린 자국에
초록색 박이 달려
초가집 집집마다
주렁주렁 매달린 정경

오늘날 지붕 없는
하얀 박꽃은
머—언 옛날
꿈으로 피어간다

오월의 산

하루라도 안 보면 안 된다
매일 그대 품속에 안기어
그대와 진한 입맞춤 한다

동트면 그대 몸에 오르고 싶다
그대를 안 보면 못 견디겠다

그대 날 사랑하고
나 또한 그대의 남자이고 싶다

가을은 불붙어 내려오고
봄은 꽃 피고 잎 돋아 올라가

녹색 주름치마 자락 아래서
쉼 없이 올라선 흰 두루*에
난 환희(歡喜)의 눈물을 뿌리우리라

*흰 두루 : 백두산. 항상 머리에 흰 구름을 이고 다닌다는 뜻.

잊는 것

뭉게구름을 타고
인생 방학을 간다
안녕 대신
소낙비 뿌리고

아침 하늘 짙푸른
나뭇잎 하나하나가
새로운 빛 인사 나누고

그러나 너의 인생 방학이
버린 물건 찾으러
또다시 돌아오지 않겠니?

쓸쓸해진 밀대모자
그리고 나의 귀에 붙어서
떨어지지 않는 파도소리

허무

불나방 찾아가는 곳
불 속에 들어가면
타는 줄 왜 모르나?

머물 곳이란
정해진 마침표
연화장의 화로(火爐)

여덟 구멍 중 하나
대통령 나방부터
죽음도 각각 다른

어린 나방의 죽음
부모의 절규
구멍마다 슬픈 사연은

어른 나방들
염불
예배
곡소리
각자 다른 화로(火爐)에

천국(天國)
극락(極樂)
지옥(地獄)으로 분류되는

불 속
한 줌의 재가
자연으로 가고

윤회(輪廻)하는 이곳
허무만 남는다

투병

감기만 해도
죽을 것만 같다
당신은
어이해 10년이 넘도록
지독한 암을 안고
동행(同行)을 했나?

이승과 저승 명(命)
버려두고 떠남이
몇 번을 왔다 갔소
그 험악한 길을
얼마나 어려운지
당신은 알고 있었지?

말 못할 생사(生死)
차마 눈뜨고 볼 수 없는
당신을…
이 가슴 불이 붙는다

공허(空虛)

칠흑 깊은 밤
구름 방석 별을 잠재우며
남극에서 북극까지
엉겁결에 세계를 안았다
눈에 별이 번쩍이고

일어서니 온 세계가
바지에 붙어 있다
손에 아마존의
붉은 물이 흐른다

바람은 멀리
지구를 데리고 떠난 공허(空虛)

내
밟아선 자리에
조금 전 틀어버린 흙먼지
초라한 땅 위에 서 있다

날려 보낸 먼지도 통명스럽게
나의 빈 삶을 함께 머물자며
바람은 온통 몸을 휘감는다

산도라지

추우면 동안거 들어가고
따뜻하면 얼굴 내미는
심심산천 유배지에서
산바람 먹고 자란다

그대 가냘픈 실루엣
아름다운 보라색으로
바람결 방향 없이 춤추며
그윽한 꽃향기 하늘로 보낸다

뭉게구름 아픈 상처 담고
산속 가득한 싱그러움
나의 발길을 유혹한다

소나무 그림자 보살핌으로
그대의 환상을 보면서
떨리는 심정 아무도 몰래
그대를 소유하고 싶다

2부

미타암 가는 길

밤길

언제부터 이 거리에
고기 굽는 냄새가 진동하고
안개 자욱한
시골 밤거리로 변했다

뒷고기란 뭔지도 모르고
기름 타는 냄새
밤길 가는 나그네
코를 괴롭게 한다

시골 골목길 간판이 달린 집
사람이 왁자그르르 하는
뒷고기 식당 매연 안개처럼
하늘에 동강 난 상처를 준다

별 하나

그리움 하나 있어
수많은 별 어디로 갔을까?

밤하늘
그리워지는 마음 구름 한 줌
한없는 그리움으로 변해
하늘 가르는 별똥별 붙잡아

초저녁 여름 하늘을
오래전부터 보아 왔어도
별은 보이지 않는다
왜
숨어 버릴까?

질주하는 차량 매연
공장 굴뚝 솟아오른 연기
숨이 막히고
별 만나던 유년의 추억

유난히도 밝던 그때의 별
북두칠성 그리움
그나마

내 마음
밤하늘 가까이 보이는
십자성 있어

만인의 별
어쩌지
보고 싶은걸

개똥벌레 불빛
비워진 가슴으로
어둠을 밝힌다

뻐꾸기가 왜 울지?

긴긴밤을
동트기 기다려
일말의 양심도 없이
보금자리 훔친 놈
뉘우침으로 울어 댈까?

동거하는 주제에
남의 새끼도 밀어 내린
잔인무도한 놈
키워준 정도 몰라라

뭘 잘 했다고 새벽부터
울긴 왜 울어
난장판인 세상
난장판 정치

오늘 생활이
빼꾸기보다 나을 게 뭐람
치고받고 모함하고
먼동 트면
가슴 치고 울어 볼까
못된 빼꾸기처럼

세월 지나면 모두
허튼—짓인 줄 알겠지?
절규하는 산울림에
토해낸 멧새 소리가

귓전 찢는 메아리의 포성을
그대들 듣고 있는가?

소리

멀리서
소리소리 질러
소통을 했다

온 동네 빙빙 돌리는
전화기 한 대로
소식을 전달했다

오늘
머리가 하얀 할미도
유치원 다니는 손자도
휴대폰 하나

참 살기 좋아졌다
자가용 타고
시장도 보고

예전엔 십 리 길 마다하고
시장도 다녔는데
마중 나온 아들이 부럽다

휴대폰 하나

실개천

내 이마에 실개천 물이 흐른다
밤새 살 비벼대는 소리
도란도란 속삭이며 간다

쉼 없이 어디로 가는지
물은 가슴 조이여 잠을 깨운다
어둠을 비집고 소곤소곤 대며

바다 향한 그리움만으로
지칠 줄 모르는 고뇌에 빠져
바다가 기다리는 곳으로

누군가 내 머리에 손을 얹는다
나 또한 꿈속에서 소리 내어
출렁이는 파도에 밀린 조약돌 되어

썰물처럼 깊은 꿈을 안고
하얀 파도에 말려든다

원남동 까치

원남동 사거리 까치부부 봄단장 한창
플라타너스 가로수 날개 잘린 가지에
옥탑방 둥지를 틀었다

잘려진 가지에 용케도 신혼집 지어 살고
올봄 가족이 늘어나면
새끼들 재롱 부려 얼마나 행복할까

자식들 자라서 분가하고 나이 많으면
파고다공원에 노인들과 놀다 오면 되고
가족들 병나면 대학병원이 가까이에 있어

벚꽃 피면 창덕궁에 무료 나들이 구경하고
책가방 들고 명륜당에 가 예절도 배우며
사방으로 이어진 편리한 도로 여행도 가보고

답답할 때나 울적할 때면 남산에 올라가
높은 타워 꼭지에 앉아 지난 세월 회상(回想)하고
한강을 내려다보며 가슴을 연다

산업의 발달로 차량의 소음과 매연은
어쩔 수 없다만 생명이 다할 때면
대학병원 영안실 가까이 있으니
무슨 걱정이 있으랴

물 좋고 정자 좋은 곳 흔치도 않은데
어찌 마음대로 다 될 수야
그래도 원남동 까치집 자리가 명당인데

미타암 가는 길

목마를 탄 딸아이
아빠
날 어떻게 만들었어?

부드러운
밀가루 쌀가루
반죽해서 만들었지

딸애
이왕 만들 것을
좀 예쁘게 만들지

글쎄 말이야
말하던
그 딸애

서른 나이 되었네

무색 액체

불타고 있다
얼굴이
빨갛게 익어간다

이성을 잃은 불꽃
몸을 가누지 못해
미쳐 버린다

고래고래
요란한 소리
떠들어대며

앞도 뒤도 없이
타버린 육신
비틀거리고

되돌릴 수 없는 기억
무색의 액체로
붉은 세상을 만들어

아무것도 몰라
한잔 술에 취해서

천안함

물래 왔다 간 훔친 님의 눈물
도화(桃花) 꽃잎 아침을 깔아 놓았다
여기저기 새들의 울음은
무엇을 말함인가

바닷속 기름 범벅이 된
꽃다운 천안호 수병(水兵)들
가슴에 덮여진 태극기
국민의 눈물은 무엇을 말함인가?

말없이 떠오르는 태양은
강렬한 빛으로 울고
오늘 밤 반짝이는 별도 없구나
천인공노할 만행을 누가 저질렀는가?

자식 잃은 부모의 눈물은 바다가 되고
국민의 가슴에 터진 한숨을 태풍 되어
거센 파도 절규와 분노는 어떻게 할까

무궁화호

하늘 덮은 짙은 안개
산허리 감돈다
빠르고 빠른 열차 다 두고
하필 무궁화호로

몸통 철로 위에 맡기고
역마다 거친 숨 쉰다
진영서 대전까지
서울을 가고도 남을 시간

넓은 공간 빈 좌석이 많다
하행성 KTX 철로 위에
세찬 바람 울며 달린다
뒤로 달아나는 산하

멍하니 바라본 우산 둘
걸어가는 뒷모습이
고모령을 뒤에다 두고
지난 향수의 열차길

세찬 비가 내린다

텐무*

유리창에 부딪친 물방울
빗물이라고 한다면
서러운 눈물 낙우(落雨) 되어
조각 난 꿈으로 돌아선다

갈 곳 잃은 유랑객(流浪客)
양손에 담은 빗물
손가락 틈새 빠져나가
빗물은 손등에 상처만 주고

따라나서지 못한 이별에
슬픈 추억만 붙잡아
아쉬운 창틀에 붙어 있다

상처 주고 떠난 자리
가로수 힘겹게 누워
마지막 숨결 헐떡이며

힘없는 그대 눈물은
뼛속 깊이깊이 쌓인
아픔 어찌 하겠나?

* 텐무 : 태풍 이름. 2010년 8월 31일.

맞아서 좋은 놈

때려서 말을 듣는 놈
때리면 때릴수록 잘도 도는

맞는 놈이야 아파서 울지만
때리는 사람도 힘이 빠진다

때리지 않아도 시끄러운
여의도는 어찌 해야 하나

한 번 세게 맞아볼까
정신 차려 여의도 팽이야

용연동굴

강원 기념 39호
3억 년 1억 5000만 년
계단 내려서자
물 흐르는 소리
정비된 나무 깔판
화산처럼 뿜는
오색 물기둥
꼬불꼬불한 통로
희미한 조명
40분 관람이
어두운
엄마의 굴 속 1년보다 긴
안전모 수차 부딪치고
탄생의 빛
세상을 밝힌다

화암동굴

혼자 여행은 적적하다
대기실 스피커 들려오는 노래는
하나도 아는 게 없다

세월이 빠른지
노래가 빠른지
그저 시끄러울 뿐

모노레일 기다리는데
단체 여행자 시끄럽다
마늘 냄새 술 냄새
비위에 거슬린다

고개 돌려본다
눈을 감고 강원 기념 33호
우리나라 동굴 중
수직 철 계단 제일 길다

정암사

5대 적멸보궁*의 한 곳
함백산 아래 자리한
정암사 불사 한창

대웅전 관음전 참배하고
국가 지정 보물 410호
수마노탑 찾아 돌계단 오르며

선덕여왕 12년 서기 634년
자장율사 창건한 절
우리나라 강원도 정선에
이런 절이 있으니
참 좋아

*5대 적멸보궁 : 설악산 봉정암, 양산 통도사, 정선 정암사, 영월 법흥사, 오대산 적멸보궁.

태백에서 봉화

잘 다듬어진 도로
강원에서 경상도로
양편 울창한 나무 군락

수목원처럼
꼬불꼬불한 길
너무 아름답다

단풍 들면 더욱 아름다울
나는 지금
태백산을 넘는다

덕우리*

옥순봉 돌면
천년 옥수 흐르고

아름다운 경관
길손 발목 잡는다
마을 돌아 흐르는 물
역류하는 것 같아

단풍 들면 더더욱 아름다울
여름 겨울 없이
산천 좋은 곳 머물고 싶네

* 덕우리 : 정선 덕우마을.

영월 탄광촌

좀 이른 가을
강원도 산천
단풍은 올락 말락
담쟁이 잎 붉은색
흐르는 물
돌멩이는 검은색
나는 붉은색

여름

찜통더위 살이 익는다
선풍기 에어컨 동원
올여름
전기세 많이 나왔다

몸이 으슥해지더니
냉방병에 걸려
한여름을 병원에서 지내고

새털 바람이
살랑 불어오니
춥다고 야단이네

좀 추우면 좀 더우면
사람이 참 간사하지
또 병원에 간다

절기

불을 토해낸 경인년 여름
가로등 붉은 땀 흘리고
희미한 불빛 찾아 나선
요란스러운 귀뚜라미 울음소리

백로 지난날 순간순간
나무는 탈색할 준비 서두르고
정자에 노는 벗들의 등 뒤엔
검붉은 바람이 어깨를 매만진다

잡으려 해도 도망치는 소리
보이지 않는 시멘트 바람
단풍잎 흔들면
푸른 잎 노란 잎 사이로 내가 머문다

계절의 종이 한 장 넘기면
그대는 또다시 돌고 돌아
슬픈 다람쥐 굴림통 속으로
실개천 따라 달음질친다

뜨거운 바람 시원한 바람
덥든 춥든 그래도 바람 있으니
나는 작은 귀뚜라미 되어
여름을 안고 가을을 훔친다

밤비

소리 없이 찾은
임은
언제나
어둠을 밟고

봄을 한 짐 지고
삼경을 피해
두드리는 창가에

방울방울 매달린
임의 눈망울엔
적막을 헤치고

밤새
얼마나 울었는지
오지랖에
눈물 촉촉이 적신

목련 꽃망울
봄의 부드러운 소리에
인생고(人生苦)
바람꽃 피운다

3부

구름 나그네

개화 공원

시비(詩碑)
아무것도 모릅니다
당신이 본 그대로입니다

좋은 예술 공원이라고
왔다 갔다

하지만 바보인 내가
평을 할 줄은 모릅니다
그저 좋을 뿐

고려(체험현장)

천 년 전 고려를
캐고 있다
가마득한 옛날
무덤을 파고

동두서족(東頭西足)* 누운 묘(墓)
애기 무덤
옹관 파편조각

고려 유물을
김해에서
발굴한다

양지바른 삶터
넓은 들 벼농사 짓고
낙동강 고기 잡아

부족이 살았던 땅에
지금은 파헤친
경제특구 조성단지로

표지석만 홀로선
오늘의 분절(粉切)* 마을
일당 오만 삼천 원

땅속 깊이 잠자던
고려를 잠에서 깨운다

* 동두서족(東頭西足) : 동쪽 머리 서쪽 발.
* 분절(粉切) : 마을 이름.

봄눈[春雪]

대지(大地)가 밤새 나이를 먹었다
머리가 온통 하얗다
한 5년 조용하더니 오랜만에 내려

봄을 시기하다 열(熱)씨와 한(寒)씨
온난화로 휴전(休戰)을 하다 갑자기
공중전(空中戰)으로 한판 신나게 붙었다

얼마나 치열한 야간 전투였기에
온 산하가 하얀 가루로 색칠을 했을까?
공습경보로 초 · 중학교 휴교령까지 내려

어린이는 좋아라고 흰 가루 뭉쳐 싸움질
강아지도 덩달아 뛰어다니며 야단이다
나무는 무거워 고개 숙이고 팔은 아래로

비 내린 거리 깨끗한데 눈 내린 거리는
흰 마음 검은 마음 그리움으로 변하여
뿌려진 흰 가루 꽃으로 향내 뿌린다

나는 꼭 해야 할 말이 있는데 말하지 못하고
내 속 그대에게만 가슴 깊숙이 묻어두고
다듬이 방망이로 빛바랜 가슴만 내려친다

무창포

집 나설 때 준비 부족
　바다 찬바람
　　감기가 왔다

　　　온몸에 열나
　　　　무창포 바닷가
　　　　　파도 함께 서 있다

구름 나그네

오다가다 만난 인연
베풀어봄세

가다오다 만난 인연
가슴에 섞어

좋은 일 다 두고
나쁜 일 하지마

오며 가며 지난날
뒤돌아보소

오고 싶은 곳
가고 싶은 곳

이럭저럭 살아온
날
생각날 거요

허상

품속에 있을 때 자식
주머니 속에 돈도 있을 때
말도 마음속에 있을 때

마음 떠난 육신
내 것이 아닌 것을
왜?
무엇 때문에
애착 속에 살까?

나 밖의 나

아무도 없는 옆방에서
누군가 부르고 있다
흡사 나무같이
나는 급히 문을 열었다

이쪽은 어두운데
그곳 밝은 별이 비추고
방금 누가 따다간 꽃인 양
그림자 하나 눈을 가린다

내가 쫓으니 아무도 없고
황혼의 손짓이 오라고
화병엔 먼지가 오라고
화병엔 먼지가 쌓여 있다
창을 여니 하늘이 푸르다

그곳에서도
누군가 부르고 있다
나와 같이

팔월

불볕은 팔월을 찾아
내리는 폭염
아스팔트 내리 볶아
차들이 펄쩍펄쩍 뛴다

용광로 녹아내린 바람
감나무 가지에 올라타
감 열매 화상을 입혔다

찜통 열 못 참아
개울. 바다에. 성급하게 뛰어
죽고 사는 건 나중 문제고

흐르는 절기는 어쩔 수 없이
고추 가지 더위 먹어
붉게 익어간다

그래도 공사장 옥상에
더위와 싸우며
가족 위해 일하는 인부들

함박 젖은 땀 옷
이마에 구슬땀 흘린다

붉은 잎사귀만 보아도
땀방울이 맺혀
부끄럽다
나는 여름 매미다

아우라지

사방 흐르는 물
기다려준 처녀를 안고
넓은 여울물 햇빛에 밀려
여름 지난 관광객이 없다

아우라지역
어름치 두 마리 여치 두 마리
입을 벌려 나를 삼킨다

사방이 잘 정리된 공원
텅텅 빈 역사 해는 서쪽으로 밀리고
언제 떠날지도 모르는 기관차

열차 기다리는 아낙네
눈 부릅뜬 장승들 뒤로
어울리지* 자연의 아름다움
이곳에 손이나 씻어보고 가자

* 어울리지 : 여러 방향에서 모여듦. '어울린다' 라는 뜻.

태백산 도립공원

석탄 박물관이 있다
발달한 기구도 없이
예전엔 괭이 곡괭이로
탄을 파냈다

막장에서 생사를 걸고
오늘날 우거진 산림을
친구도 이곳에 일하다
진패 환자로 투병생활

산업의 역군
지금 우리 경제 발전이
그들을 생각하면
마음이 아프다

함백산

함백산 가는 길
포장도로
만항리 고개
시원한 바람 분다

하늘 잡힐 듯 말 듯
갈라진 산마다
피멍 들기 시작한다

구름 아래 영월 태백
아름다운 이 그림을
혼자 보기가 미안하다

내 안의 그대

황지 연못

작은 고기가 놀고 있다
낙동강 발원지에서

상지 중지 하지 연못가
사람들이 많다

시내 한가운데
공원으로 만들어진 이곳

수백 리 길
강물 되어 흘러내린다니

낙동강 사진 전시되고
강원도에서 경상도까지

나는
낙동강 따라 걷고 있다
낙동강 하구언 을숙도까지

작은 도서관

사랑아 가자
자로 잰
병아리 걸음으로

작은 도서관에
엄마 아빠 몰래
좋은 책 많이 읽어

할머니
할어버지께 자랑하자
좋은 꽃 피우자

사랑아
독서는 계절이 없다

오늘

하늘에서 본
내가 사는 세상
와글와글
구더기 천국

꼬물꼬물 구더기
서울에서 부산
정신없이 우글우글

작은 구더기인 나도
그 속에서
생존 경쟁을 한다

똥이 아니면 살 수가 없어
별별 구더기 속에 나도
살려고 몸부림친다

이별

가로수 아래 나비들의 질주
형형색색의 나비들이
서러워서 울고 있다
바람 따라 누가 먼저 가리

이별의 통곡소리 울려
어미는 뼈대만 남기고
앞뒤 없이 무질서하게
지구도 돌고 낙엽도 돈다

나비도 뒤따라 날아가고
바람은 겨울 재촉하는데

여인의 스카프 손놀림에
나무는 눈물을 흘린다

소용돌이 돌고 도는
회오리바람에 흘린 낙엽은
익은 가을 웅크린 얼굴에
슬픈 이별을 고한다

바다

창원과 고성 사이 확 트인 해안도로
바다가 다가온다
바람을 가득 실은 큰 배들이 넋을 잃고

도로 옆 산비탈엔 달려오는 나무
떨어지는 단풍잎 하나 둘 셈을
나뭇잎 그림자 가슴속 깊이 스며들다

하늘 잡은 태양의 물결을 바라보며
작은 의자에 앉아 따뜻한 자리
아름다운 여인과 황홀한 입맞춤

반짝이는 은물결 리듬에 도취되어
진주조개 양식장 부위가 정연한다
오만둥이 입속에 터지는 향내

깨고 나면 잡을 수 없는 꿈속 허전함
통통배는 바다를 싣고 멀리 떠나고
물에 빠진 해는 노을을 잡으러 간다

속살을 보며

십자성 빛 발하면 동녘 하늘
밤새 별은 낙화되어
여명이 밝아온다

등산길에 양탄자 깔고
붉은 별 노란 별 탈색 별
가을 밀치고 겨울을 불러

별을 밟는 소리 바스락바스락
서글픈 마음에 눈물이 나고
다람쥐 두 마리 영역 다툼
필사적 싸움을 한다

아름다운 옷 서로 가지려고
바람은 한쪽으로 몰아쳐
그래도 남은 별 한 잎 두 잎

온산 낙엽 되어
오솔길 가운데 떨어집니다
봄 오면 다시 새싹으로 만나
떠난 길 다시 오리다

세월

소달구지 타던 시절이
좋았는데

자전거 버스 열차도
낮과 밤을 싣고

쭈그린 산 그림자 사이로
별과 달을 싣고 달아나더니

기다리고 있는
사늘한 사각나무통
뜨거운 화염속으로

KTX란 놈이 더 빨리
세월을 싣고 달려간다

도둑

여명이 밝기 전
별 따라 내려온 찬비가

을씨년스럽게
겨울잠을 깨운다

가져갈 것이란
몸속에 배설물
내뿜는 탁한 공기

내 안에 자리 잡은
더러운 생각을 모조리
가져가라

달랑 하나뿐인 검정 우산
이른 새벽 도둑이

한풍(寒風)과 함께
동녘 하늘을 쓸어가고

당신과 나
깊은 바다 파도에 빨려들면

고독한 발길이 어둠을 깨워
바다는 도둑의 그리움이다

이엉

손등이 갈라져 피가 나고
거북등처럼
볏짚은 살을 갉아먹는다

새끼에 닳은 손마디
양지바른 담장 아래서
먼지를 뒤집어쓴
아저씨

이엉을 엮어
겨울 채비로 갈아입은 지붕
황금색 단장한 용머리

새끼로 줄줄이 감아
오늘날
민속촌 아니면 볼 수 없는
아스라한 시골 전경

정원수 1

서리가 내리던 날
나와 정원수 이사와
모두가 낯선 환경
어디 말 붙일 데가 없다

어제만 하더라도 잘 있었는데
묘목장에서 아파트 이사를 왔다
나무마다 삼각 받침대 의지하고
너나 힘없이 서 있다

나뭇잎 하나 둘 떨어져
마음도 사늘하다
우리 함께 이곳에 살 텐데
이왕 만났으니 사는 동안

함께 잘 지내보자

조경수

한겨울 지나고 새싹 나고
꽃도 피고 잎도 나왔다
매실 산수유 모과
지난 가을 이사 온 녀석들

먼저 꽃 핀 매실
하얀 꽃 피니 벌이 찾아오고
꽃잎 지니 녹두만 한 열매 맺었다

여름 불볕 시샘으로
힘겹게 지나고 나니
푸른색을 띤 청매실 열매
제법 사랑스럽더니

며칠 지난 후 누군가 몰래
어린 매실을 따가 버렸다
모과도 산수유도
좀 두고 보았으면 좋았으련만

이웃 생각할 여유 없는
자기만의 욕심
아쉬움만 더한다

4부

싸락눈 오는 날

지하철

땅 밑 두더지같이
두 눈에 불을 켜고
달려온다

하단역은
몇 사람 타지도 않고
두 눈에 불을 켜고 온다

자갈치에
많은 승객이 탄다
땀을 뻘뻘 흘리며
레일 위로 달린다

뒤따르는 건
점차 멀어져가는
깜깜한 동굴

갈 길 먼 노포동으로
두 눈에 불을 켜고 간다

공간

두 평 남짓한 방
온 천지가 적막함인데
색칠한 검정 물감으로
흐르는 여물물 씻기는 소리
깊이 빨려드는 호수의 소용돌이
무서운 밤이다

생명의 전부가
깊은 꿈속에 빠진 두어 시간
그리운 이를 보낸 허전함으로
지천이 시끄럽더니
차라리
밤이 이대로 멈추고
날이 새지 않았으면

아침 첫 뉴스부터가
또 하루
지옥으로 끌려들어
귀신이 우글거리는 대지
어쩌면 좋은가?

잠시 머물다 가는 세상에
왜 이리 소란한지
이 밤 새지나 말지

냇물

냇물이 쉬지 않고
웃으며 간다
낮밤 모르고
어디로 가는지
나의 침실 넘어
흘러서 간다

미꾸리 피라미 데리고
귓가에 흐르는 물소리
졸 졸 졸 합창을 하며
소리 내며 간다

엊그제 내린 눈 녹아
냇물은 쉼 없이 흘러
버들강아지
엉덩이 만지며
봄 마중 나간다

대화

버스 안
깜짝 놀랐다
휴대전화 주고받는
중년 여인 대화 중

머리 자르러 간데요
무서운 소리지 아휴
얼마나 죄를 크게 졌으면
참수형 당하러 가노

자꾸만 뒤돌아 보여
여인에게로 눈길이

머리손질 하려고
머리카락 자름도
미장원에 간다고
좋은 말이 많은데

사지로 가는 길
좀 예쁘게 말하면

무뿐(無஍) 1

손전등 하나 들고
어둠 속 문밖을 나서는 새벽

들녘 하늘 유난히 빛나는 별이
하루도 빠짐없이 반겨준다

여명이 밝기 전 그림자 같은 산속이
어머니 품속처럼 포근히 안아주고

숲 속 멀리 시내를 보는 황금불빛
그대와 나 황홀한 발길 멈춘다

오조(烏鳥)*가 아침 햇살 물고 올 때
영혼이 잠든 밤 깨우고

귓가에 잡히지 않는 바람
어둠 밀치고 미주알고주알 하며
에돌게 간다

별 불빛 산
그대와의 천국 무뿐(無஍)

* 오조(烏鳥) : 까마귀.

단비

하얀 시루떡
갈라진 논바닥
비는 오지 않았다

갈라진 거북등처럼
꽉 누른 솥뚜껑
물속으로 들어가고

바둑판처럼 짜여진
도시의 계획된 도로
부서진 건물의 파편

여러 조각난 여의도
나라는
동강 난 지 수십 년

단비는 내리지 않았다

봄 오는 길목

봄은
아지랑이 앞질러
아낙의 칼끝에서 오나 보다

길옆 매화 꽃망울 윙크로
서역으로 가는 햇빛
설한(雪寒) 밀친 감촉이 따스하다

터벅터벅 걷는 길 옆
새싹 얼굴 내밀면
화원은
어제 내린 단비에 놀라
봄 손님 맞을 준비 바쁘다

양지쪽
낙엽 비집고 내민 얼굴
길가 파릇파릇이 미소 짓는

노부부 다정히 손잡고
황혼의 아름다운 여명
산길을 오른다

해적

아덴만의 도둑들
수없이 오가는 무역선
해적이 따라붙는다

비무장 상선을 무모하게
납치하는 해적 떼거리
상선 몸값 노략질

먹혀들지 않는 해적과 대화
수차 당한 우리 상선
이번엔
청해 부대가 맛을 보였다

짐승 같은 놈들이 잡혀와
그들도 가족이
소말리아에

해적들 잡아
내 마음 같으면 수장을 시켰으면
삼호해운 석 선장 기력이 회복되길

온 국민 염원을 하는데

구제역

나
지금 병들어 있다
온천지가
구제역 때문에 야단이다
소 돼지도 난 없으나
피눈물 흘리는 농부들
설상가상으로
조류 독감까지
생매장하는 가축을 보니
뉴스 보기가 싫다
살아서 매장된
원혼의 피
개울에 스며든
오염된 핏물이 강으로
마을마다 골목마다
방역 예방주사
힘겨워 순직한 공무원
명절에 아들딸
고향 오지 말라는
부모님
아픈 가슴에 타고 내린
저 핏물은 어디로 갈까

연평도 해병대여

이토록 억울하고 답답할 수가
소나기처럼 떨어지는 포탄
이것저것 가릴 것 없이 연평도에
무자비하게 퍼붓는 적들의 장사정 포탄에
말없이 두 명의 후배 해병은 영원히 국민의 가슴에 묻고 갔다
초토화된 연평마을 불길을 온 국민이 보는 가운데
당신이 간 국군수도병원
대통령도 국무총리도 해병대 사령관도 수많은 조문행렬 줄지어
당신들의 고귀한 죽음 앞에 머리를 숙이고 갔다
목구멍에 가시처럼 여기던 백령도 앞 장산곶 깊은 바다에
천안함이 피격된 지 엊그제인데
정부는 지금까지 무얼 하고 있었나 답답할 뿐
서해 5도 누구도 지키지 못할 곳에 용맹스러운 당신들은
오늘 대전 현충원으로 영원히 갔구나
엊그제 부르던 나가자 해병대가(歌) 귀에 생생하다
당신이 간 발자취 한 번 해병대가 아니라는 것을
말없이 산화한 당신이 보여주고 간 해병 혼이 자랑스럽다
나는 청룡부대에서 내 동생, 내 아들도 백령도 도무진에서
당신들의 선배로 근무를 했다
해병은 후퇴가 없다 오직 전진뿐
우리 땅에 적들이 영원히 도발할 수 없이 우렁찬 소리가
울려 퍼지길 동강 난 이 나라를 누가 지키랴
한 번 해병대는 영원한 해병대로 오직 필승뿐이다

결정(結晶)

방향 없이 불어오는 삭풍(朔風)이랄까
창틀에 매달린 햇살은
고독한 임으로 보이는데

결로가 생겨 얼어붙은 고드름은
슬픈 임의 눈물인가
찬 날씨 탓 변명으로 돌려버린

하늘 가린 서리 이슬
누가 걷어줄 님이 없는가?
장백의 빙벽 오르며 거친 숨 몰아

바람 되어 별이 뜰에 지고
햇볕 탄 머리카락 검은빛
타버린 이슬 맺힌 맺힘이

창문 흘러내리는 틈새
백마(白馬) 탄 기사가 오르고 있다
거미줄처럼 매달린 허공

낙엽(落葉) 떠난 텅 빈 뇌리가
백두(白頭)에 녹지 않은 눈물
안주머니 속으로 들어간다

해적 2

까맣게 탄 숯덩이
바다에 떠다니다

망망대해 떼거리
배를 붙잡고 늘어져

고약한 놈들
어디 할 짓 없어

총 들고
사람 해치고
노략질이야

붙잡히고 보니
맛이 어때

죽음의 두려움
어떤 것인지

생명의 소중함
어떤 것인지

이제야
알겠지 해적 놈들

풍란(風蘭)아

세상 살다 보면
먼저 나온 잎
봄을 열어 가고

엄마 뒤주를 탈출한
형 누나
시간과 공간을 초월한 빛

산전수전 넘기신
고목의 생(生)과 사(死)
물먹은 풍란(風蘭) 향기(香氣)에
담고 싶은 나의 혼(魂)

시크무레한 행동
무엇으로 메울까
창작하시는 백수의 거목

설상가상(雪上加霜)
꽃잎 향기 지더라도

아름답게 날린 향기(香氣)
잎 떨어지면

나비처럼 날아
지나온 발자취
남강(南岡) 선배님의
향기
영원불멸(永遠不滅)*하소서

* 영원불멸(永遠不滅) : 영원토록 없어지지 않는다.

무뿐(無𠔻) 2

오늘같이
하얀 눈 내리는 날이면
손을 꼭 잡고
걷고 싶은 사람이 있다

철길 옆 꿈을 꾸듯
흰색으로 탈색되어버린 대지에
멀찌감치 사라져 가는 세월
그 사람이 보고 싶다

얼마를 가다 돌아보니 저만치
서서히 녹아내리는 검은 철길
두 줄기 자국만 남기고
먹줄처럼 아스라한 굽잇길에

누군가 나의 글 읽어 줄 사람 있다면
그대의 속삭임을 듣고 발끝 장단으로
오선지 점 찍은 콧노래
도. 미솔 레파라
흥을 내며 걷고 싶다

돌아다 뵈는 발자취 백발이 되어버린
인고의 긴긴 세월에 눌려
한 발 한 발 가까워지는 여생
끝없이 가고 싶다 돌부리 차며
아무튼 그리움과 소망이 절실한 삶

뭘까?

전생 연으로 만난
엄마도 누이도 아닌
세상에 끈질긴 동행자

촌수는 어떻게 될까?
원수와 악연으로 만난
딸아이 고향이라서

아님 사랑했던 여인
전생 뭐하던 사람이었지?
둥지에서 울던 올빼미

뭘까
조그마한 보금자리
이불 뒤집어쓰고
밤에만 말벗 되어준

아니면
도마에 칼질하는
야단스러운 주방장

나 말고 예전에
어떤 사람 만났을까
내 곁에 코 골고 함께 잠든

내 마누라

모과

참
못생긴 녀석
서리 맞은
노란 색깔이
아름답다

생긴 꼴 치고는
한 가지 일은 하네
약으로 먹고

차 안에도
그윽한 향기
뚝배기보다
장맛이 좋아

별

새벽 여섯 시 길을 나선다
주위가 꽤 어둡다
스산한 바람이 귓전을 때리고

밤을 내려다보는 초승달도
그믐달도 만난다
새벽마다 하루도 빠짐없이 만나는
길잡이 별이 있다

잠도 자지 않고 내려다보는 별
무슨 별인지 유난히 빛난다
동녘 하늘 달과의 거리가
멀어졌다 가까워졌다 하는 느낌으로
달과 별 거리를 두고 간다

눈썹달이 시기를 하는지
아님
빛나는 별이 길잡이 하는
나는 별을 보며 산길을 걷고 있다

용지봉

가까이 있으면서
멀리만 느껴지는
임
그리움 더하고
얇은 물결
물 비늘 너울지면
눈물 비
별이 되어 내린다
이른 새벽
아침을 밟고
햇살을 가른다

싸락눈 오는 날

새벽을 열고
지팡이 하나 툭툭 땅을 치며
나는 새벽길 간다

하늘 기분 나쁜 구름으로
달과 별을 감추었다
잔뜩 찌푸린 눈바람
고개를 넘어 가고

얼굴 스친 바람 따가워
벌거벗은 나무 사이로
바람은 떠들며 지나고
오늘은 산새도 울지 않네

뚜벅뚜벅 발자국 소리 내며
싸락눈 내리는 토끼길
싸락싸락 밟고 간다

손전등 불빛에 새벽은 밀려나
여명은 손사래 치며 떠나 가는데
나는 새벽 산길을 걷고 있다

참새와 비둘기

꼬맹이무리가 학교 하단에
동백 세 그루 가지 속에
하루도 빠짐없이 찾아온다

지각하는 놈 없이
수업시간에 맞춰
등교를 한다

조금 후 수업이 시작되면
형 누나들이 나무 아래
모여든다

오전 수업이 끝나면 한 놈도 없이
다정히 하교를 한다
서로가 공존을 하며

누군지 모르는 사람이 나무 속에
대롱대롱 매단 참새 밥통
밤마다 먹이를 주고 갔기에

많은 참새 비둘기 무리가
아침마다 모여든다

해적 3

만약에
내가 너라면
어떻게 할까

조금이라도
양심이 있어

죽자 살자
거짓말을 할까?

요리조리
법을 피해

아니야 아니
난 못해

무지한
해파리

연평도

멀지도 않은 북녘
먹구름 끼인 하늘
폭풍 소낙비 몰고
찬바람이 불어
손에 잡힐 듯 말 듯
검은 바람 문틈 사이
붉은 빛을 내며 타고
불길에 파손된 건물
화약 냄새도 물씬 난다
파도는 성이 나도
바람을 달래는데
성난 파도는 태산 같은
물벼락 치며
차마 눈 뜨고 볼 수 없는

부서진 가옥 파손된 어장
도둑맞고 외양간 고치는
폭설의 대비
천 년의 역사 뒤보지 말며
강대국 장난에
두 동강 난 나의 조국
부끄러운 조국의 반세기
책임져야 할 양코. 로스케
가슴 치는 울분으로
연 평 도
이래도 되는가?

열애

은빛 물결이 밀려오는 바다
수평선 멀리 갈매기 날고
그대와 나 포옹을 하며
강렬한 키스를 하고 있다

벤치에 앉아 점점 깊게
그대의 몸속 파고들어
광란의 정사를 이룬다

그대와 나 사랑에 도취해
밀려오는 파도의 시샘으로
높은 파도가 돌돌 말아서
아주 깊은 바닥까지 끌고가

한 덩어리 나체와 의자
분리된 물속에
허우적대며 죽어간다

온몸에 땀이 배어
살아보려고 몸부림치며
짧은 사랑의 서막을 내린

오!
꿈이었구나
그래도
아름다웠었다고

외계인

만약에 외계인이 있다면
지구를 내려다보고 뭐라고 할까?
아프가니스탄, 전투는 계속되고

리비아 카다피는 눈먼 미치광이
성난 국민은 파도처럼 일어나
민주의 피를 흘리며 아비규환인데

군인은 비무장한 자국민을
총으로 미사일 전투기 포탄 낙하로
국민을 보호하여야 함에도
약탈과 최후의 발악을 하고 있다

뉴질랜드 지진으로 많은 사람이 매몰
일본의 대재앙 수많은 인명 피해를
인도네시아는 용암 폭발로
화산—재 연기가 하늘 찌르고

북한 동포는 식량난으로 굶어 죽고
크나 적으나 이웃끼리 총을 겨누며
어르—릉거리니 지옥이 따로 없다
뭐 이런 지구가 다 있노?

우리는 지난겨울 구제역에 온 나라
몸살을 앓고 천안함 연평도 포격이며
지구는 하루도 조용한 날이 없었다

곳곳이 소란스럽고 정신없으니
이를 두고 지구는 난장판이라고

봉명 초등학교 1학년

예쁜 병아리 줄지어
식사하러 온다
조잘조잘거리며
눈빛이 반짝인다

노랑 분홍 병아리
차례를 기다리기도
남녘 개나리 바람에
숟가락 젓가락 챙기고

식판을 잡는 손
서투르긴 하지만
선생님 가르쳐준대로
잘도 한다

순서대로 자리에 앉아
쭉쭉 벌리는 입
너무 귀엽고 아름답다

순수한 집합 미래의 꿈
머언 옛날 아련한
추억 떠올라라

선생님 어떻게 해요?

엄마는 회사에 갔고
아빠는 늦게 오시고
학교 수업 마치면
갈 곳 없어요

형들과 우리 반 학생은
집으로 학원으로 가요
함께 놀아줄 동무도 없어요

형 누나가 부러워요
놀 곳이 없어서
흙바람 부는 운동장 한구석
씨름장에서
흙 놀이 혼자서 해요

늦게 집으로 가도
아무도 반겨주지 않아요

누군가 묻는다면
텅텅 빈집에
혼자 있기가 싫어서

모래성만 쌓고
허물고 하다
집으로 가요 선생님

꿈

꿈속 만난 여인
여인 만난 꿈속

잡아보았지만
잡아보지만

잡을 수 없다
꿈 깬 허전함으로

찾아보았지만
어디에도 없다

보이는 건 적막뿐
아무것도

손을 뻗어도
멀리 가고 없는

꿈속의 여인

낙화

나쁜 놈 같으니
조금 더 살다 가지
고작 산다는 것이
수명이 십여 일

이별이야 어찌 막겠느냐마는
너무 아쉬워서 그래
뭐가 그리 바빠 하직을 하노

사노라면 굴곡이 많았지
비바람 치고
낙화된 꽃잎
이리저리 뒹굴다

몸부림치며 가는 건데
순서 없이 오니 그렇치
네놈부터 위반하니

떠나간 자리
녹음은 봄을 밀고 가는데
머—언 훗날 꿈을 먹으려니
어찌해야 좋으냐?

박희익 서술시(敍述詩)와 회화체(会話体) 가락

— 제5시집 『원남동 까치』 평설

이수화

(사)세계문인협회 고문 · (사)한국펜원임부이사장

1

박희익 시는 서술시(敍述詩) 또는 이야기 시(詩)이다. 서술시를 말할 때 항용 비견되는 서사시(敍事詩)가 한 인간(영웅이나 평범한 사람을 막론하고)의 일대기(一代記)를 통해 삶의 총체상을 서사(敍事)하고 있는 장시 형식인 데에 비해, 서술시(이야기시)는 비교적 짧은 20~30행 내외의 내용을, 즉 제재 나름의 시적 이야기나 사물을 형상화하는 양식이다. 좀더 자세히 말하자면, 서술시는 사건이나 이야기를 통해서 객관적인 사실을(신경림의 서술시 『농무(農舞)』처럼) 독자에게 전달해주며, 이로써 독자의 정서나 감동을 유발하는 서정시 형식이다. 따라서 서술시는 서사시, 장시, 서정시 어느 양식과도 크게 다르지 않다. 특히 리얼리즘 제재(주제

와 재료)를 실현하는 데 특히 유용한 방식 중 하나이다. 가령 박희익 서술시의 경우,

원남동 사거리 까치부부 봄단장 한창
플라타너스 가로수 날개 잘린 가지에
옥탑방 둥지를 틀었다

잘려진 가지에 용케도 신혼집 지어 살고
올봄 가족이 늘어나면
새끼들 재롱 부려 얼마나 행복할까

자식들 자라서 분가하고 나이 많으면
파고다공원에 노인들과 놀다 오면 되고
가족들 병나면 대학병원이 가까이에 있어

벚꽃 피면 창덕궁에 무료 나들이 구경하고
책가방 들고 명륜당에 가 예절도 배우며
사방으로 이어진 편리한 도로 여행도 가보고

—「원남동 까치」 1~4연

— 과 같이 독자들에게 원남동 까치부부의 삶의 정보가 사람살이의 그것처럼 시적 주체인 서술자의 감정으로 전달되고 있다. 이처럼 원남동 까치부부가 상징하는 서민 생활의 단면을 이야기한다는 점에서도 서술시(敍述詩, Narrative poem)를 이야기시라고 칭하는데 박희익 서술시는 특히 일상어의 서술 형식이 특장이다.

이해하기 쉽고 리얼리티가 강한 일상어의 구사는 T.S 엘리엇 같은 거장이 이미 적극적으로 실천하여 많은 모더니즘 시까지 창출한 점을 보아도 박희익 서술시에 구사되고 있는 일상어의 시작(時作) 태도는 그의 서술시가 독자들에게 반응하는 띄어난 실천 방식이 아닌가 한다. 그래서도 이번 시집의 메타 텍스트로 동원된 「원남동 까치」 표제는 매우 적절한 함의까지 내포하고 있다. 후반을 더 읽고 총체적 감동을 부기한다.

답답할 때나 울적할 때면 남산에 올라가
높은 타워 꼭지에 앉아 지난 세월 회상(回想)하고
한강을 내려다보며 가슴을 연다

산업의 발달로 차량의 소음과 매연은
어쩔 수 없다만 생명이 다할 때면
대학병원 영안실 가까이 있으니
무슨 걱정이 있으랴

물 좋고 정자 좋은 곳 흔치도 않은데
어찌 마음대로 다 될 수야
그래도 원남동 까치집 자리가 명당인데

—「원남동 까치」 5~7연

라는 시의 후반에 오면 비로소 서술 화자의 감정이

드러난다. “답답할 때나 울적할 때”라든가, 차량의 소음과 매연에 대한 불편함, 마음대로 다 될 수는 없다는 여한과도 같은 불행 의식들이 그것인데 이와 같은 서술자(시인)의 정서 표출이 가능하단 점에서도 서술시는 서정시의 유형으로 형상화되어 ‘서술적 서정시’라는 개념이 성립된다는 것이다. 뿐만 아니라 서술시가 서정시의 하위 유형으로서의 작용은 서술시의 이야기 기능이 불러오는 건조한 감정상의 저조를 고양시켜 독자에게 시적 주체의 의도가 감동적으로 전달되게 하는 것이다. 그리고 예시에서처럼 서술시의 이야기가 소설처럼 스토리텔링에 빠짐을 방지하는 함축적 이야기로써 서술시의 형상화에 기여하도록 한다. 감정을 배제하지 않은 이야기의 함축된 서술이 독자에게 주는 메시지의 암시가 얼마나 효과적인가는 박희익 서술시의 대표시로 예시한 「원남동 까치」 후반에 잘 드러나 보인다 하겠다. 이제 이와 같은 서술시의 ‘함축적인 이야기(Implied narrative)’가 어떻게 박희익 서술시에서는 효과적으로 소통해 전달(독자에게)되는 것인지 그의 형상화 솜씨에 대한 제목들을 본장으로 넘어가 살피기로 한다.

2

박희익 시의 서술적 서정 시집인 이번 제5시집 『원남동 까치』(2011. 도서출판 천우 刊)에는 제1부 〈공허(空

虛)〉에 「벚꽃」 등 19편, 제2부 〈미타암 가는 길〉에 「정암사」 등 20편, 제3부 〈구름 나그네〉에 「무창포」 등 21편, 제4부 〈싸락눈 오는 날〉에 「연평도」 등 27편이 실렸다. 총4부 87편의 박희익 서술시는 토도로프, 제라르 주네트, 체트먼과 같은 이 방면의 걸출한 이론가들이 누누이 암시해왔듯 서술물(텍스트)과 서술 생산활동(행위)자인 작가, 시인 그리고 서술 내용(이야기)이 모더니즘시에 버금간다는 현대시의 새로운 지평 위에서 진화되고 있는 볼만한 시법의 소산이다. 서장에서 이미 구사했듯, 박희익의 대표적 서술시, 「원남동 까치」를 통해 함축적인 서민 생활의 무사태평한 듯하면서도 그렇다고 행복감 넘치는 삶이기보다는 어딘가 서민의 삶의 다람쥐 쳇바퀴 속 삶(목숨)인양 답답하고 무미건조한 감정이 밑바탕에 깔린 서술적 서정시 형상물이다. 이와 같은 발화체를 통해 서술 주체가 우리에게 던지는 메시지는 그 발화체(서술물)의 내용에 대한 암시적 태도로 대신한다. 언뜻 보기에 행복한 듯도 한 원남동 까치부부의 일상이야말로 저 니체의 영겁회기 사상의 초인적 결단이 요구되는 무사안일한 삶일지도 모른다. 그래서 시인은,

> 천국(天國)
> 극락(極樂)
> 지옥(地獄)으로 분류되는
>
> 불 속
> 한 줌의 재가

자연으로 가고

윤회(輪回)하는 이곳
허무만 남는다

—「허무」 5~7연

— 고, 경고하면서 다음과 같은 불온함의 암화를 서슴지 않는다. 「맞아서 좋은 놈」이란 메타 텍스트의 일상어적 가락도 니체를 닮아 보인다.

때려서 말을 듣는 놈
때리면 때릴수록 잘도 도는

맞는 놈이야 아파서 울지만
때리는 사람도 힘이 빠진다

때리지 않아도 시끄러운
여의도는 어찌해야 하나

한 번 세게 맞아볼까
정신 차려 여의도 팽이야

—「맞아서 좋은 놈」 전문

— 은, 서술시가 독자에게 베푸는 자질 중에 가장 효과적인 대상의 자아반성 기능이 훌륭이 형상화되고 있는 텍스트일 터이다. 채찍으로 맞을수록 회전 속도가

가속화되는 '팽이 이야기'를 통해 서술 주체는 서술물(텍스트)의 발화 행위를 완성한다. 그리하여 담화(이야기 서술 내용)를 극대화시켜 놓고 있다. 여의도 팽이로 빗대어 말(이야기)하고 있는 예시는 박희익 서술시의 회화체(會話體) 가락이 잘 짜여진 서술 텍스트(발화체)의 백미(白眉) 편에 속한다 하겠다. 상징적 서술물을 읽고 가슴이 뜨끔치 않을 석두(石頭)가 어디 있으랴 싶다.

①
땅 밑 두더지 같이
두 눈에 불을 켜고
달려온다

하단역은
몇 사람 타지도 않고
두 눈에 불을 켜고 온다

자갈치에
많은 승객이 탄다
땀을 뻘뻘 흘리며
레일위로 달린다

뒤따르는 건
점차 멀어져가는
깜깜한 동굴

갈길 먼 노포동으로
두 눈에 불을 켜고 간다

②
내 이마에 실개천 물이 흐른다
밤새 살 비벼대는 소리
도란도란 속삭이며 간다

쉼 없이 어디로 가는지
물은 가슴 조이여 잠을 깨운다
어둠을 비집고 소곤소곤 대며

바다 향한 그리움만으로
지칠 줄 모르는 고뇌에 빠져
바다가 기다리는 곳으로

누군가 내 머리에 손을 얹는다
나 또한 꿈속에서 소리 내어
출렁이는 파도에 밀린 조약돌 되어

썰물처럼 깊은 꿈을 안고
하얀 파도에 말려든다

예시(例詩)로 나란히 병치한 텍스트 ①은 「지하철」 전문이고 ②는 「실개천」 전문이다.

①이 집단적 제재라면 ②는 개인적 제재이다. 박희익 서술시의 ①과 같은 소통 구조를 살피고자 함이고, ②와 같은 서술 방식을 살피기 위한 두 작품의 병치 예시(例示)인 것이다.

예시(例詩) ①인 「지하철」의 소통구조는 서술시가 이야기(Story)를 수용한다는 특징적인 자질이 확연한 이미저리 군(群)의 조소성(彫塑性)을 성취하고 있다. 대화체[会話体] 가락이 매우 유연한 리듬까지 확보하는 박희익 서술시의 미학 성취작일 터이다. 첫 스탠자와 4~5 스탠자의 확연한 이미저리 조소력은 우리가 잘 빚어진 조각품을 대하는 듯한 상상력의 비주얼에 감동하게 한다. 두더쥐 같은 '지하철'이 하단역 같은 데서는 몇 사람 타지도 않는데 "두 눈에 불을 켜고 달린다"고 이야기하고, 과거란 그처럼 허망한 것이고(4연), 갈 길이 멀지만 여전히 두 눈에 불을 켜고 달리는 지하철 이야기(서술 story)는 우리에게 무엇을 인식케 하는가. 이런 서술자의 정서와 태도에 우리는 공감할 수 있는가. 이와 같은 박희익 서술시의 소통구조의 의미 전달은 사람 사는 길에 저 지하철 이야기처럼 두 눈에 불을 켜고 오가는 데에 나름의 속도 조절이 있어야 한다는 함의를 우리에게 던져주고 있는 것이다. 박희익 서술시가 주는 심미적 은유시법의 성공작이라 하겠다. 이에 비해 예시 ②는 첫 라인부터 신선한 은유로 시작된다. 이마에 밤마다 늘어나는 주름살(죽음에 이르는 실개천)에 서술자처럼 저렇게나 도란도란 의연할 수 있다는 경이로움은 비단 이 글 평설자만은 아닐 터이다. 더구나 시가 전개될수록 죽음에 이르는 이마의 주름살(실개천)이 작지만 단단한 조약돌이 되어 하얀 파도에 말려든다는 이야기(결론)는 인간의 마지막 길을 예측하는, 죽음에 도달할지언정 겸양의 마음가짐이 얼마나 소중한가를 이야기해주는 인생론적 서술시의 아름다운 메타포어 포에지가 아닐 수 없겠다. ② 역시 박희익 서술시의 회화체가락이 충일한 레토릭의 진경(珍境)을 보인다.

이상과 같이 살펴봤을 때, 박희익 서술시의 소통구조와 서술 방식은 그의 시인다운 미학 지향의 강고한 지구력에 의해 서늘하리만치 삼엄한 서술시 자질 구현에 추호도 조갑증이나 성급한 성공주의에 함몰함이 없이 초지일관하고 있다고 평가할 수 있겠다. 이제 이쯤에서 박희익 서술시의 미학적 형상화가 빛나는 발화체(서술텍스트 · 서술물)에 직핍하게 다가서는 일로 척박하나마 평설글을 가름코자 한다.

냇물이 쉬지 않고
웃으며 간다
낮밤 모르고
어디로 가는지
나의 침실 넘어
흘러서 간다

미꾸리 피라미 데리고
귓가에 흐르는 물소리
졸 졸 졸 합창을 하며
소리 내며 간다

엊그제 내린 눈 녹아
냇물은 쉼 없이 흘러
버들강아지
엉덩이 만지며
봄 마중 나간다

—「냇물」 전문

예시(例示)한 서술시 「냇물」은 내적 서술자가 자기 체험의 이야기를 독자에게 전달하는 소통구조의 유형이다. 이 소통구조는 서술 행위의 주체인 내표시인이 이야기의 주체인 내적 서술자의 입을 빌어 서술자 자신이 중심이 된 이야기를 내표 독자에게 전달해줌으로써 내표 독자로 하여금 이 이야기를 잘 인식토록 하고 내적 서술자의 정서와 태도에 공감토록 하는 것이다. 서술자인 박희익 시인의 체험 이야기가 아무리 길든, 황당무계하든 서술시의 이야기는 예시처럼 함축적이라야 한다. 그점 예시는 적절하다. 그리고 그 결과 서술자의 정서와 태도의 적정한 효과에 도달하고 있음도 사실이다. 그것은 냇물의 흐름과 인생의 흐름, "버들강아지/ 엉덩이 만지며/ 봄 마중 나간다"는 육감적일 정도의 생욕적 비전이 저 아름다운 생철학(生哲學)의 비조 앙리 베르그송의 생명 약동의 포에지 소산이 아닐 수 없다는 이야기가 된다.

엊그제 내린 눈 녹아
냇물은 쉼 없이 흘러
버들강아지
엉덩이 만지며
봄 마중 나간다

— 는 예시 「냇물」의 후말 스탠자는, T.S 엘리엇의 전가의 보도인 객관적 상관물(Objective correlative), 즉 냇물 · 버들강아지 · 엉덩이와 기상(奇想)을 동원해 미우 육감적(실감적) 리얼리티를 거두고 있는 것이 그

것이다. 서정적 서술시에서 저러한 이미지 조소성에 도달한다는 것은 그리 흔치 않은 레토릭의 소산이다. 박희익 시만이 거둘 수 있는 서술시의 회화체 가락의 성취로 본다. 이 방면의 새 지평을 개간한 이번의 박희익 제5시집 『원남동 까치』의 황홀한 탄생을 기뻐해 마지 않는다.

2011년 4월 마포 수당헌(樹堂軒)에서 석란사(石蘭史) 씀

문학세계대표작가선 626

원남동 까치

박희익 제5시집

인쇄 1판 1쇄 2011년 4월 27일
발행 1판 1쇄 2011년 5월 7일

지 은 이 : 박희익
펴 낸 이 : 金天雨
펴 낸 곳 : (주)천우미디어그룹/도서출판 天雨
등 록 : 1992. 2. 15. 제1-1307호
주 소 : 서울시 성동구 하왕십리동 966-23 금룡B/D 2F
전 화 : 02)2298-7661
팩 스 : 02)2298-7665
http://www.moonhaknet.com
E-mail : ing@moonhaknet.com

값 8,000원

ISBN 978-89-7954-475-6